EXPOSÉ PRÉSENTÉ

PAR

LIEUTENANT DE VAISSEAU

DANS LA SÉANCE GÉNÉRALE EXTRAORDINAIRE

PARIS

184, BOULEVARD SAINT-GERMAIN, 184

1886

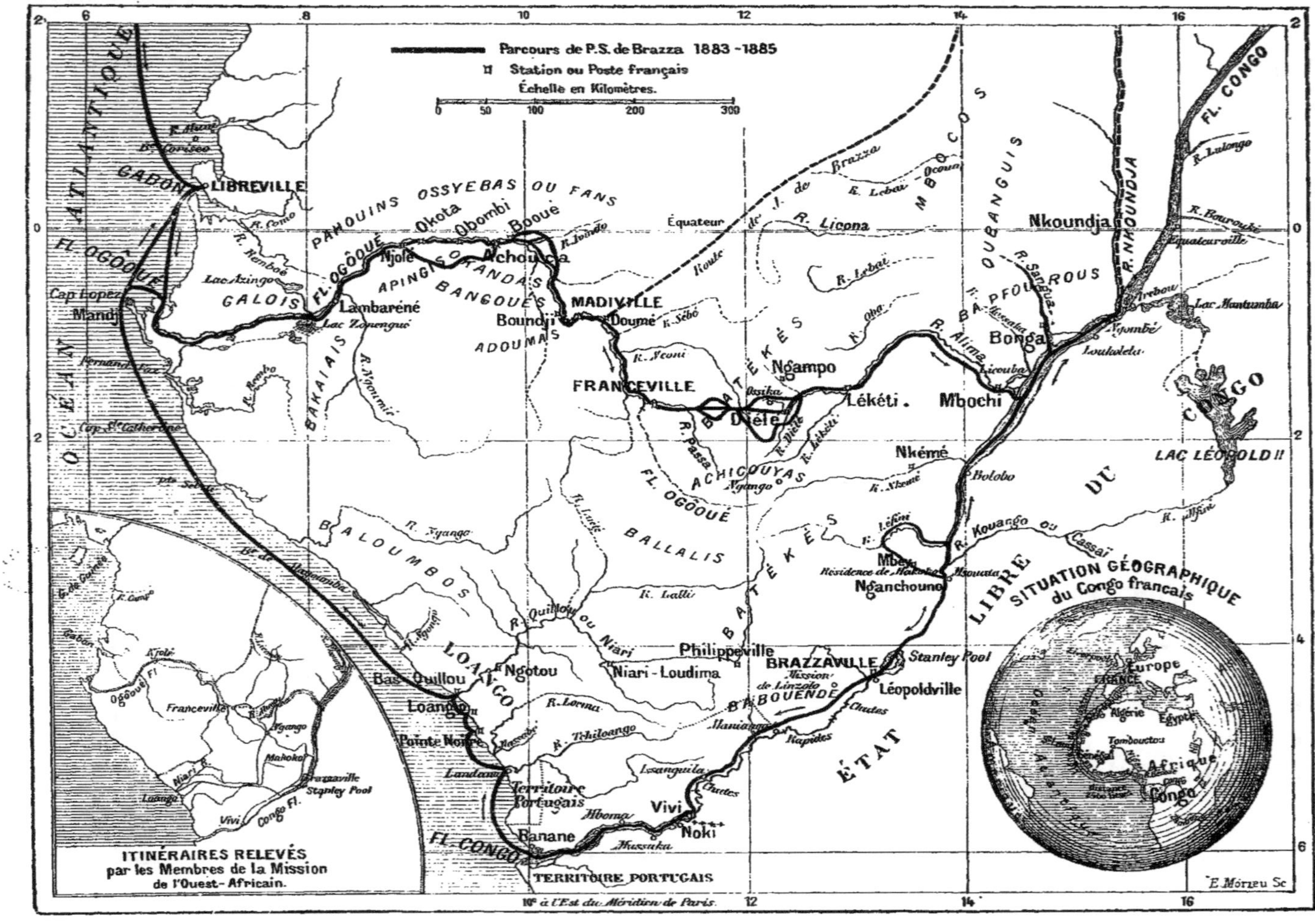

CARTE DU CONGO FRANÇAIS, INDIQUANT LES ITINÉRAIRES DE LA MISSION DE M. DE BRAZZA ET LES STATIONS CRÉÉES PAR ELLE

DRESSÉE PAR LES SOINS DE LA SOCIÉTÉ DE GÉOGRAPHIE.

SOCIÉTÉ DE GÉOGRAPHIE

EXPOSÉ PRÉSENTÉ

PAR

M. P. SAVORGNAN DE BRAZZA

LIEUTENANT DE VAISSEAU

DANS LA SÉANCE GÉNÉRALE EXTRAORDINAIRE

TENUE AU CIRQUE D'HIVER LE 21 JANVIER 1886

« Messieurs, il y a plus de trois ans, devant ce même public d'élite qui m'écoute encore, j'avais l'honneur de raconter le voyage que je venais de faire de 1879 à 1882. Vous me prêtiez alors une attention bienveillante que je n'ai pas oubliée. Je puise un nouvel encouragement aujourd'hui dans le souvenir de votre accueil, et j'espère que vous voudrez bien m'accorder de nouveau toute l'indulgence dont j'ai besoin.

» Il est déjà vieux et connu, le passé de ce coin d'Afrique où j'ai vécu plus de douze ans. C'est la troisième fois que j'en parle devant vous, et bien d'autres voix que la mienne en ont entretenu le public. Mais si vieux et si connu qu'il puisse être, je crois devoir l'esquisser à grands traits, et rappeler en quelques mots quels furent les débuts de l'Ouest Africain.

» Du Chaillu avait signalé, vers 1859, le bassin de l'Ogôoué et reconnu les sources de quelques-uns de ses affluents du sud. Depuis, et pendant une fort longue période, l'Ogôoué fut oublié, et les explorations portèrent uniquement sur l'estuaire du Gabon et le cours inférieur des fleuves qui s'y jettent.

» Libreville, station navale primitivement établie dans le but d'empêcher la traite, et siège de notre colonie, était le centre d'où partaient nos officiers de marine pour reconnaître successivement le Remboé et le Còmò.

« Ces reconnaissances se firent lentement et demeurèrent incomplètes ; toutes les tentatives se heurtèrent à la sauvagerie opiniâtre et à l'hostilité des Pahouins, tribus cannibales de la race des Fans ; actuellement même les canonnières n'en ont pas encore eu raison. Il fut, en outre, vite admis que la minime importance de ces fleuves se prêtait mal à la découverte des grands bassins de l'intérieur et à la pénétration de leurs secrets. C'est alors qu'on jeta les yeux sur l'Ogôoué, dont l'immense delta commençait à être connu des traitants noirs et de quelques commerçants européens qui en devinaient la richesse. Durant de longues années, les négriers seuls avaient connu ce delta et profité de ses méandres pour abriter leur coupable trafic.

» Soit difficultés de navigation, soit insuffisance des moyens de notre colonie du Gabon, soit enfin toute autre cause, l'Ogôoué demeurait comme inconnu et ignoré. On savait seulement, par les dires de quelques indigènes, qu'il était obstrué de rapides. Son embouchure était portée sur les cartes, mais son cours était indiqué par le pointillé des hypothèses.

» En 1872, le marquis de Compiègne et M. Marche s'engageaient dans l'Ogôoué pour tenter de résoudre au moins une partie du problème géographique. Parvenus aux rapides, ils en franchissaient toute la première série jusqu'à la rivière Ivindo ; là, les hostilités des Pahouins les forcèrent de faire halte. En 1874, ils rentraient avec l'honneur bien mérité d'avoir entamé ce nouvel inconnu et franchi le premier obstacle.

» C'est alors que je me décidai à exécuter un projet dès longtemps rêvé, lentement mûri pendant mes heures de quart, tandis que je naviguais dans ces parages. Le retour de MM. de Compiègne et Marche aiguillonna mon désir, et m'inspira la hardiesse de demander au Gouvernement l'autorisation et les moyens de poursuivre l'œuvre si vaillamment entreprise par mes amis.

» M. l'amiral de Montagnac, alors Ministre de la Marine, ayant fait bon accueil à mes projets, autorisation et moyens me furent accordés, et, dans le courant de 1875, je partais accompagné du Dr Ballay et de M. Marche.

» En 1879, j'ai eu l'honneur de rendre compte à la Société de Géographie de ce voyage de début.

» Après avoir franchi l'étape parcourue pour la première fois par MM. de Compiègne et Marche, dépassant le Dr Lentz à Sébé, nous avions pu, à force de temps et de patience, M. Ballay et moi, gagner le cours supérieur de l'Ogôoué, atteindre la crête de son bassin à l'est et reconnaître vaguement les lignes d'un nouveau bassin que nous ne pouvions supposer alors être celui du Congo. Ce résultat, je viens de le dire, avait été acquis à force de patience, car, pour avancer vers l'intérieur sans soulever d'hostilités, nous avions dû temporiser souvent et constamment laisser à notre réputation d'hommes pacifiques le temps de nous précéder.

» On sait comment notre marche fut arrêtée sur l'Alima, comment notre persévérance vint se briser contre l'hostilité des aborigènes venus du Congo, nous comprîmes plus tard que les coups de fusil qui nous avaient accueillis, étaient l'écho d'un ouragan sur le grand fleuve.

» Je crois devoir ici rendre un nouvel hommage au courage et à la vaillance de mes compagnons des premiers jours. Jamais leur énergie ne s'est démentie un instant, et lorsque j'ai vu, dans une publication récente, qu'on m'attribuait des paroles où il était question de la pusillanimité de mes compagnons, j'ai pensé que des malentendus de conversation pouvaient avoir parfois de déplorables conséquences (1).

» Pendant que M. Ballay regagnait l'Ogôoué, je faisais une pointe au nord-est, découvrant divers cours d'eau, de nouveaux bassins que je n'eus malheureusement pas le temps de reconnaître d'une manière complète. Enfin, à bout de ressources et quelque peu de forces, je rejoignais mon compagnon. Nous descendions l'Ogôoué sans encombre, et arrivions en France au commencement de 1879.

» Cette nouvelle expédition, terminée en 1878, avait donné des résultats qui passaient mes espérances. Près de 1500 kilomètres avaient été parcourus dans la direction de l'est et nous avaient conduits dans les grands bassins intérieurs; mais, fait plus important, notre influence sur les populations riveraines de l'Ogôoué commençait à s'établir, nous avions là le noyau de nos futurs auxiliaires, de ceux qui nous servent aujourd'hui.

» En Europe, nous attendait la surprise de la traversée du continent africain par M. Stanley. Ainsi, nous avions parcouru sans nous en douter une région qui fait partie du bassin du Congo; les rivières du pays de M'boko et d'Okanga, que nous avions traversées, avaient déjà leurs confluents avec le Congo portés sur les cartes, et sans l'hostilité, alors incompréhensible pour nous, contre laquelle s'étaient butés nos efforts, nous débouchions sur le grand fleuve.

» Pouvions-nous, dès lors, ne pas désirer retourner en Afrique et nous hâter de reparaître là où nous appelaient et l'amour des découvertes et peut-être les intérêts du pays?

» Pendant notre absence, et par l'initiative pleine de générosité de S. M. le roi des Belges,

(1) Pour rendre justice à ceux de mes compagnons de la première heure qui sont restés pour moi, jusqu'à la fin, des collaborateurs courageux et dévoués, je crois devoir rapprocher des paroles que m'attribue M. Stanley, dans un journal très répandu, les déclarations que j'ai faites à la séance de la Société de Géographie à la Sorbonne, le 24 janvier 1879, c'est-à-dire antérieurement à ma première entrevue avec l'éminent explorateur du Congo.

ASSERTION DE M. STANLEY

« J'apprends de sa bouche que sa première expédition sur l'Ogôoué a duré trois ans et demi, qu'il n'a pu pénétrer que jusqu'à une distance de 500 kilomètres ; enfin, que ce qui s'est passé à cette occasion l'avait déterminé à voyager désormais sans compagnons, afin de ne pas être contrarié dans ses projets par l'irrésolution et la timidité de camarades auxquels on est toujours plus ou moins obligé de céder.

» M. de Brazza avait éprouvé une amère déception le jour où il avait atteint le fleuve Alima et qu'il s'était vu empêché d'en explorer le cours par l'irrésolution de quelques-uns de ses compagnons et l'hostilité des indigènes. C'est alors qu'il avait secrètement résolu de revenir quelque jour et d'achever sa découverte. » (Novembre 1880.)

ASSERTION DE M. DE BRAZZA

« Où nous conduira ce fleuve qui semblait ne pas devoir déboucher à la mer? Avec nos ressources épuisées et notre rudiment d'escorte, comment nous dégager des contrées où l'Alima allait nous enfermer?

. . . .

» Je ne me reconnus pas le droit d'engager, sans leur consentement, nos compagnons de route dans une entreprise aussi téméraire.

» Je les consultai et retrouvai en eux cette énergie et cette abnégation qui ne se sont pas démenties un seul instant dans toutes nos épreuves. » (Janvier 1879.)

Léopold II, une vaste Association scientifique et humanitaire s'était constituée dans le but d ouvrir l'Afrique au monde civilisé.

» A l'instigation de sommités françaises et sous le patronage de l'illustre président de la Société de Géographie, M. de Lesseps, cette Association venait d'étendre en France un de ses rameaux. J'allais partir avec mission de sauvegarder, par des traités, notre avenir politique dans ces contrées. Le Comité français de l'Association internationale me demanda de choisir, par la même occasion, l'emplacement de deux stations purement scientifiques et hospitalières (1). Aux modestes ressources que me donnaient le Ministère des Affaires étrangères et celui de la Marine, vint se joindre une somme que le Comité français mettait à ma disposition pour me défrayer du concours accessoire qu'il me demandait. Le pays lui-même, par les Chambres, promettait de fournir des moyens plus considérables.

» Je partis donc précipitamment, le 27 décembre 1879, laissant mon ami Ballay attendre qu'une loi de finances et le vote des Chambres lui fournissent les moyens d'entreprendre une expédition plus importante.

» Il y a trois ans et demi, j'eus l'insigne honneur de vous exposer, à la Sorbonne, les résultats de ce voyage. Une indicible émotion me gagne encore au souvenir des applaudissements qui couvrirent par intervalles ma faible voix. Ce souvenir, qu'évoquait l'autre jour M. Himly, l'éminent doyen de la Faculté des Lettres, en m'accueillant au retour, a toujours été pour moi comme un encouragement et un gage de confiance. Il est en quelque sorte matérialisé dans la grande médaille d'or que m'accordait la Société de Géographie, en 1879.

» Pourrai-je jamais oublier aussi la réception brillante qui me fut faite par le Conseil municipal de la ville de Paris? Il me mettait ainsi sur le même pied que l'un des plus grands explorateurs de notre époque, M. de Nordenskiöld.

» Dans ce voyage, effectué de 1879 à 1882, si tout n'avait pas marché au gré de nos désirs, si l'imprévu, en prenant trop de place, avait occasionné de préjudiciables retards, des résultats importants avaient été néanmoins acquis. Au cours de ces trois années, j'avais pu faire un double périple d'exploration ; Franceville avait été fondé et organisé ; une route était désormais tracée entre les bassins de l'Ogôoué et du Congo, et la vallée du Niari ou Quillou avait été reconnue ; enfin un traité avec Makoko, souverain des Batékés, plaçait de grands territoires sous la protection de la France et nous donnait la clef du Congo supérieur. Le Dr Bali..y était alors occupé au transport de son canot à vapeur ; je rentrai en France, ayant, dans la limite de mes moyens et de mes forces, accompli mon devoir.

» D'accord avec le Comité français de l'Association internationale Africaine, la Société de

---

(1) Avant de donner mon concours au Comité français de l'Association internationale Africaine, j'ai déclaré, dans une de ses séances générales, que la mission pour laquelle le Ministère des Affaires étrangères et celui de la Marine allaient m'accorder des subventions, étant purement politiques, je ne pouvais accepter la subvention du Comité, et me charger de cette mission incidente, que si le but poursuivi par l'Association internationale était purement scientifique et humanitaire. La déclaration que je reçus à cet égard fut formelle. C'est seulement depuis lors que, par le Comité d'Études du Congo, l'Association internationale Africaine a ajouté à son programme les mots « politique » et « liberté commerciale ».

Géographie a voulu — je ne suis point le coupable — donner à notre première station sur le Congo, le nom de Brazzaville. Puis-je lui demander de ne pas laisser mon nom seul attaché à l'Ouest Africain? Le nom de celui qui m'a précédé dans la tâche et qui appartient au passé, celui du regretté marquis de Compiègne, ne devrait-il pas être attribué à l'une de nos stations de l'Ogôoué, pour perpétuer sur ces rives le souvenir de l'explorateur qui les foula le premier?

» En vous rendant compte de ce dernier voyage, je terminais ma conférence à la Sorbonne par ces mots : « Et quant à moi, le plus grand honneur que vous puissiez me faire, sera de me » dire : « En avant! »

» En avant! vous l'avez voulu, Messieurs, vous l'avez dit. Le Gouvernement m'a concédé cet honneur que je vous demandais ; cette tâche insigne et glorieuse entre toutes m'a été confiée, d'aller porter là-bas encore la paix et la liberté au nom de la France. Mon premier sentiment à ce souvenir est un sentiment de profonde gratitude et je vous en remercie.

» Ai-je rempli cette tâche au gré de l'attente du pays? Vous me pardonnerez de ne pas me croire juge en ma propre cause, c'est à l'opinion publique d'instruire mon procès. Ce que je puis vous affirmer, et vous affirmer en conscience, c'est que j'ai fait tout ce qu'il était en moi de faire, c'est que j'ai gardé avec un soin jaloux le souci des intérêts de la France et de l'honneur du drapeau qui m'était confié. Si la déception est venue parfois à son heure, si des retards et des lenteurs imprévus ont entravé dans une certaine mesure la réalisation rapide du projet et l'achèvement de l'œuvre (ce sont là des contretemps inhérents aux entreprises nouvelles), jamais du moins ma foi n'a été ébranlée; elle a toujours été soutenue par la conviction que mes actes seraient impartialement jugés le jour où je les porterais devant l'opinion publique de notre pays.

» Ce jour est arrivé, Messieurs, et je comparais à votre barre, rassuré par vos sympathies, déjà fier du chaleureux accueil que m'ont fait la presse et le public à mon retour, heureux de vous soumettre les résultats de mes efforts et de m'en rapporter à vous.

» Ainsi que je vous le disais tout à l'heure, le Gouvernement, déférant au désir du pays et à la volonté des Chambres, m'avait dit: « En avant! » Le traité qui établissait nos droits souverains sur les rives du haut Congo avait été ratifié sur la proposition du cabinet Duclerc, et un subside de 1 275 000 francs fut voté à la charge de différents ministères ; en ma qualité de Commissaire du Gouvernement, j'avais pleins pouvoirs; enfin ma mission fut placée plus spécialement sous le patronage du Ministère de l'Instruction publique : son caractère pacifique et scientifique indiquait tout naturellement de quelle partie des pouvoirs publics elle devait alors relever.

» Passons sur les détails peu intéressants d'une organisation faite à la hâte. Il fallait agir vite; recrutement du personnel nécessaire, acquisition de matériel et marchandises, préparatifs de départ, tout dut se faire en moins de trois mois, très rapidement, trop rapidement peut-être pour que tous les éléments de l'expédition fussent parfaitement appropriés à leur but.

» Mon avant-garde était partie le 1ᵉʳ janvier 1883, sous le commandement de M. Rigail de Lastours. Avec elle partait mon frère Jacques, que son titre de docteur ès sciences naturelles avait fait agréer du Ministère, pour la réunion de collections et de données scientifiques et que, surtout, l'affection fraternelle poussait à me suivre.

» Un mois après, M. le lieutenant Decazes partait pour recruter au Sénégal les Laptots, qui devaient nous être nécessaires, pendant que M. le lieutenant Manchon allait chercher en Algérie les tirailleurs que M. le Ministre de la Guerre m'autorisait à emmener.

» Le 19 mars, enfin, je partais : enfin pour le public qui avait hâte de me voir commencer la tâche; enfin pour moi surtout qui, mieux que personne, comprenais le préjudice causé par ce retard dû aux exigences des préparatifs indispensables.

» Un bateau des armateurs Tandonnet, *le Précurseur*, emmenait le personnel entier de l'expédition; c'était, en tout, une troupe de 48 Européens hiérarchiquement organisés, pleine de l'enthousiasme du début.

» Dans les premiers jours d'avril nous touchions à Dakar; 130 Laptots — toute notre force armée — montaient à bord et parmi eux mon brave sergent Malamine, rentré depuis quelques mois de Brazzaville, sur l'ordre de M. Mizon (1). Mélange de sang arabe et de sang maure, ce Malamine, dont on vous a si souvent parlé, est un homme de haute taille, solidement musclé. Son profil est presque européen et sa physionomie respire une fierté virile. On sent immédiatement en lui l'homme capable de remplir intelligemment des ordres, en les interprétant suivant les circonstances. Quand, en 1880, je le laissai seul à la garde du pavillon français sur le Congo, sans ressources et à 500 kilomètres de notre plus voisine station, je savais à l'avance à qui je confiais ce dangereux honneur. Hardi défenseur des faibles, Malamine fut vite aimé des indigènes, auxquels il apprit à aimer la France. — Avec lui plusieurs de mes vieux serviteurs d'autrefois avaient voulu m'accompagner.

» Nous prenions encore quelques Krouboys dans le golfe de Guinée, et le 22 avril 1883, après une excellente traversée, nous jetions l'ancre en rade du Gabon. J'étais transporté sur mon terrain de travail et c'est là vraiment que commencèrent les difficultés.

» Le débarquement du matériel et des marchandises (800 tonneaux environ) au Gabon, dut se faire avec mes propres moyens; j'eus l'autorisation de me servir des chalands de l'État et ce fut tout. Le petit vapeur que j'avais apporté à destination du bas Ogôoué, dut être monté sur place et se transformer en remorqueur : matériel, marchandises, munitions, vivres, tout vint s'empiler sur les quais et les routes, exposé aux averses de la saison des pluies, aux vols et au gaspillage, faute de pouvoir trouver un abri dans les magasins de la colonie.

» Ce soin de ce qu'on appela « les intérêts absolus de la colonie du Gabon » ne correspondait pas à la bienveillance que me témoignaient les ordres envoyés d'Europe. Il me valut de payer pour les retards dans le déchargement 2000 francs de surrestarie au *Précurseur;* le manque d'abri pour mon matériel et mes marchandises devait me coûter le centuple.

» Que faire? A se lamenter on ne gagne pas de temps. Ma présence était nécessaire ailleurs; entre deux nécessités il fallait choisir la plus impérieuse ; je laissai donc des ordres et je partis.

____

(1) L'évacuation de Brazzaville, ordonnée par M. Mizon, fut annoncée en Europe par M. Stanley, vers la fin de 1882.

Un bateau de commerce me transporta dans le bas Ogôoué où, dès mon arrivée au Gabon, j'avais expédié, sous les ordres de M. de Kerraoul, une fraction du personnel convenablement ravitaillée et destinée à constituer mon premier jalon.

» C'était le 30 avril ; j'avais passé moins de huit jours à Libreville. Avec moi partaient une quinzaine d'Européens dont les uns, sous la conduite de M. Michelez, devaient gagner France-ville au plus vite, remettre mes ordres à M. de Lastours et se porter sur l'Alima ; les autres allaient fonder le poste de Lambaréné, la station de N'Djolé et y établir, aussi vite que possible, des magasins pour abriter les ravitaillements destinés au haut fleuve.

» C'est de Lambaréné que mes instructions furent données et que les départs eurent lieu. Par un heureux hasard j'avais rencontré là plusieurs équipes d'Okandais descendus aux factore-ries avec leurs pirogues chargées de caoutchouc. Ces braves gens, anciens pagayeurs que j'avais formés et conduits jadis, en leur montrant la route de la côte, me firent une véritable ovation et transportèrent à Franceville le premier convoi qui partait.

» J'avais envoyé un Européen fonder, au cap Lopez, la station qui devait être notre vrai centre d'approvisionnement. Bien vite je retournai à la côte, inquiet du résultat qu'avait pu obtenir à Loango M. Cordier, lieutenant de vaisseau.

» Devancé que j'étais par les agents du Comité d'Études du Congo, je pressentais, dès avant mon départ d'Europe, que leur action aurait certainement pour effet de nous couper, autant que possible, de nos possessions du Congo, par l'occupation de la vallée du Quillou, l'un des plus beaux territoires de la contrée.

» Ce pressentiment trop bien fondé d'ailleurs, m'avait fait demander qu'un navire fût envoyé à Loango pour aviser, et le Gouvernement, tenant compte de mes appréhensions, avait immédiatement expédié le *Sagittaire*, canonnière commandée par M. Cordier. Aucun choix ne pouvait être meilleur. Le commandant Cordier avec une finesse, un tact et une fermeté au-dessus de tout éloge, tira merveilleusement parti d'une situation difficile. Ses traités au Loango nous donnèrent la seule rade praticable de la côte, entre le Gabon et Banane.

» Dès que j'eus ces nouvelles, je partis sur l'*Oriflamme*, emmenant avec moi le personnel destiné à relever celui que le *Sagittaire* avait établi dans des postes provisoires sur la côte. Une partie du matériel et des marchandises suivait.

» Ayant malheureusement croisé en route le *Sagittaire*, je me trouvai à Loango privé des renseignements verbaux qu'aurait pu me donner M. Cordier et sans information sur des ques-tions de détail qu'il m'eût été très utile de connaître. Mais le hasard qui parfois m'a servi si mal, voulut me servir bien une fois en me fournissant l'occasion d'obtenir vite et sans coup férir, un territoire que convoitaient nos rivaux et au sujet duquel ils étaient en pourparlers. Une balei-nière de l'*Oriflamme* avait chaviré dans la barre ; les marins de l'équipage s'étaient débarrassés de tous leurs effets pour avoir dans leur manœuvre à la lame une plus grande liberté d'allures. Le sauvetage fini, plus d'effets ; tout était volé. Nos braves marins, furieux en face d'un groupe d'indigènes qui leur dissimulaient les voleurs et riaient de leur infortune, employèrent vaine-ment, pour rentrer en possession de leur bien, des arguments *ad hominem*, où les avirons et les poings jouaient le rôle principal. Rien n'y fit, et dans leur costume primitif ils durent revenir à la plage.

» Nous jurâmes de punir ce méfait. Les voleurs avaient agi à l'instigation d'un *mafouk* (chef) important, propriétaire du lieu témoin du vol. Sans nous renvoyer au mafouk, dès e lendemain, le roi de Loango, étranger au fait, réparait l'insulte par la cession à la France d'une partie du territoire du coupable, son subordonné.

» Laissant la direction de la côte du Loango à M. Dolisie, avec ordre de la transférer à M. Manchon quand ce dernier arriverait, je revins sur mes pas, avec une résolution bien arrêtée désormais. Nous avions à nous, il est vrai, la rade de Loango et l'embouchure du Quillou, mais tout l'intérieur était acheté, occupé, enserré par l'Association, et ces contrées qui semblaient nous revenir de droit, cette vallée du Niari-Quillou, que j'avais le premier révélée, on voulait nous les enlever. D'ores et déjà j'étais résolu à regagner, en faisant valoir la plénitude de nos droits à l'intérieur, ce que nous avaient fait perdre les retards entraînés par l'organisation de la mission. C'était le premier but à atteindre et que j'allais immédiatement poursuivre en agissant à Brazzaville.

» A peine si je touchai de nouveau à Libreville où les mêmes amoncellements de marchandise et de matériel gisaient encore sur les mêmes quais, toujours exposés aux mêmes avaries et aux mêmes risques. Tout inquiet sur mes ravitaillements à venir, je dis adieu au Gabon, où je laissai l'agent comptable et deux Européens.

» A trois jours de là j'étais pour la seconde fois à Lambaréné, où se trouvaient groupés tout le reste de mon personnel et les ravitaillements qui avaient pu monter, tant bien que mal, dans le désordre naissant de la côte.

» M. de Lastours se trouvait là aussi, exact au rendez-vous que je lui avais assigné ; il était descendu de Franceville avec une flottille de 58 pirogues et un armement de plus de 800 pagayeurs.

» On chargea le convoi, mes dernières instructions furent envoyées à la côte, des nouvelles furent expédiées en Europe ; M. Decazes reçut mes pouvoirs généraux sur la côte et devait les remettre à M. Laporte, commandant de l'*Oloumo*, à son arrivée. Le 10 juin, nous étions définitivement en route pour l'intérieur.

» Le Dr Ballay venait de m'apprendre par lettre qu'il était installé sur l'Alima, à Ossika ; le montage de son canot à vapeur allait être terminé. J'avais grande hâte de revoir mon ancien compagnon. M. Mizon, que j'avais rencontré dans le delta du fleuve, remontait avec moi pour explorer, à l'aide des moyens que je lui fournissais, une nouvelle route directe de Franceville à la côte. Deux Pères de la mission apostolique du Gabon, le Père Davezac et le Père Bichet, avaient demandé à m'accompagner, pour chercher à fonder un établissement d'instruction dans le haut Ogôoué. Le gros du personnel partait avec moi.

» En remontant, nous fondions des stations et des postes. N'Djolé était établi à la porte des rapides par M. de Kerraoul, puis, successivement, Ashouka et Madiville (1).

____

(1) Ville de l'huile.

» M. de Rhins, qui était venu prendre une idée générale du pays et avait exécuté un croquis très détaillé de l'Ogôoué, nous quittait au confluent de la rivière Lolo, pour rentrer en Europe. Il devait, par la suite, nous envoyer des ravitaillements qui nous parvinrent au moment où nous en avions le plus grand besoin. Le 22 juillet, sans péripéties bien remarquables, la tête du convoi arrivait à Franceville.

» La situation de Franceville est réellement belle sur la haute pointe d'un mouvement de terrain qui, après s'être insensiblement élevé, à partir du confluent de l'Ogôoué et de la Passa, tombe, par une pente rapide, d'une hauteur de plus de 100 mètres sur la rivière qui coule à ses pieds. L'horizon lointain des plateaux, dans un panorama presque circulaire, les alignements réguliers des villages qui couvrent les pentes basses, la note fraîche des plantations de bananiers tranchant sur les tons rouges des terres argileuses, font de ce point une des vues les plus jolies et les plus séduisantes de l'Ouest Africain. Elle inspire comme un besoin de se reposer en admirant, et en même temps comme un vague désir de marcher vers les horizons qu'on découvre.

» En me rendant à Franceville, j'avais conclu de nouveaux traités avec les chefs riverains, traités faits surtout en vue d'une organisation dont j'aurai à parler plus loin et par lesquels, dès ce moment, notre service de pagayeurs était assuré.

» A Franceville, quels ne furent pas ma surprise et mon désappointement de trouver encore là la fraction d'avant-garde, partie de Lambaréné depuis trois mois et que je croyais sur l'Alima depuis longtemps.

» Mon premier soin fut de me mettre en communication avec M. Ballay, et j'appris cette bonne nouvelle que des pourparlers étaient engagés avec les Bafourous, ceux-là mêmes qui autrefois nous avaient barré le chemin quand nous descendions l'Alima. Ces pourparlers étaient si près d'aboutir, me disait M. Ballay, qu'ils lui faisaient retarder le voyage chez Makoko, qu'une dépêche ministérielle lui avait donné l'ordre de faire. C'était vraiment là une bonne nouvelle capable de me faire oublier bien des ennuis.

» La fraction d'avant-garde qui était demeurée à Franceville dut être renvoyée à la côte. Dès ce moment les vides se creusèrent dans les rangs du personnel. Maladies, défections, incapacités, nous réduisirent, tant à la côte qu'à l'intérieur, à un chiffre bien faible pour suffire à la tâche. Mais ceux qui demeuraient étaient des vaillants, je pouvais compter sur eux. Le dévouement et le zèle de ceux-là n'a jamais faibli; ils ont été courageusement à la peine, se multipliant partout et sans cesse; il est juste qu'ils soient à l'honneur et que je vous cite quelques noms. C'étaient :

» Près de moi, sur l'Ogôoué : MM. Devy, Roche, Flicotteau, Jegou.

» A la côte : MM. Decazes, Manchon, P. Michaud, V. Chollet, Kleindienst, J. Michaud, etc.

» M. Dufourcq, envoyé par le Ministère de l'Instruction publique, n'était pas encore arrivé. Dans la pénurie de personnel où je me trouvais, je n'hésitai pas à me priver de mon secrétaire et à lui imposer la charge d'une nouvelle besogne. Il partit pour rejoindre M. Ballay et l'aider aussi bien à organiser notre nouvelle station de Diélé, qu'à créer le service de portage par terre, entre les deux bassins de l'Ogôoué et du Congo. Ce service, dont jadis M. Ballay et moi avions jeté les bases, fut organisé avec tant de précautions et de tact que quelques jours après, une caravane de 160 porteurs arrivait prendre charge à Franceville et d'autres caravanes la suivirent; mes espérances de ce côté étaient largement dépassées. Ce service a, depuis lors, constamment et admirablement fonctionné. Mon vieux et fidèle Laptot Metouffa avec trois Sénégalais ont conduit toutes ces caravanes, sans qu'il fût besoin de distraire un Européen pour cette pénible besogne. Dans ce service des transports, où la surveillance semblait devoir être insuffisante, jamais le moindre vol n'a été commis.

» Dès qu'il fut possible, c'est-à-dire après avoir surveillé l'installation de nos magasins à Franceville et initié aux choses du pays les Européens qui devaient y demeurer, je partis pour rejoindre M. Ballay. Les négociations avec les Bafourous traînaient en longueur, et j'appréhendais de voir l'avantage que devait nous donner la libre descente de l'Alima, compromis par une perte de temps considérable.

» Quel vif plaisir ce fut pour moi, Messieurs, de retrouver mon ancien compagnon de fatigue ! Avec quelle joie je l'embrassai après une séparation de trois années !

» L'éloge du docteur Ballay n'est pas à faire : tous savent quel cœur, quelle intelligence, quelle volonté patiente et forte se cachent sous cette physionomie, qu'une modestie excessive fait paraître douce, presque timide. Ces qualités ont été justement reconnues quand on a désigné M. Ballay pour faire partie des délégués français à la Conférence de Berlin ; il y apportait, avec ses connaissances spéciales, les documents qui assuraient nos droits (1).

» A l'envi M. Ballay et moi nous pressâmes les négociations en cours, pendant que le brigadier Roche, au prix de bien des fatigues et de quelques ennuis, amenait, sur trois chariots, les chaudières du canot à vapeur qui flottait impatient sur l'Alima. Les négociations aboutirent enfin. Le chef M'Dombi et plusieurs autres chefs Bafourous, après avoir fait quelques visites préliminaires à notre établissement de Diélé, se décidèrent à un grand palabre ; la patience et l'habileté de M. Ballay portaient leurs fruits.

» Nos nouveaux alliés, désormais nos amis, s'engagèrent à nous vendre une immense pirogue et à escorter eux-mêmes la descente de M. Ballay jusqu'au Congo.

» Ils tinrent parole. Le 15 octobre 1883, une pirogue capable de porter près de huit tonnes venait s'amarrer au débarcadère de Diélé; on y empilait les marchandises et les vivres nécessaires pour six mois, et le lendemain, M. Ballay, accompagné de quatorze hommes, se laissait dériver au courant rapide de l'Alima, emportant les adieux et les souhaits que couvraient le chant des pagayeurs et les roulements sonores du tambour bafourou.

» Elle est saisissante l'impression que produit un départ dans ces contrées lointaines ;

---

(1) Actuellement M. Ballay est adjoint à M. le lieutenant de vaisseau Rouvier, chargé d'une question de délimitation. Ils doivent être aujourd'hui à notre poste de N'Kundja, chez les Oubanguis et, d'accord avec les agents de l'Association, fixer, en amont de l'embouchure de cette rivière, un point qui doit servir de limite entre notre colonie et le nouvel État. L'embouchure de la N'Kundja se trouve, sur les cartes employées à la Conférence de Berlin et au traité du 5 février, par 0°28' de latitude sud.

ceux-là seuls qui en ont été témoins savent quelle sorte d'émotion muette inspire la séparation, quelle profonde amitié tient dans le dernier serrement de main qu'on échange, quelle sorte de fraternelle tendresse il y a dans le dernier embrassement.

» Le Dr Ballay allait donc revoir cette place où jadis nous avions dû nous arrêter devant des hostilités sans motifs. Quelle émotion le gagnerait, quand il passerait entre ces rives basses et boisées d'où jadis partaient des coups de feu? Que devions-nous craindre encore? Pouvions-nous espérer atteindre pacifiquement le but? Telles étaient nos pensées en adressant à l'embarcation qui s'éloignait nos derniers signes d'adieu.

» J'avais laissé M. Ballay partir seul, quel que fût mon désir de l'accompagner et d'aller, par cette nouvelle route, remettre au plus vite à notre allié Makoko la ratification de nos traités. Une double inquiétude me retenait. Il m'était impossible d'aller sur le Congo sans être renseigné, au préalable, sur une situation qui pouvait offrir de sérieuses difficultés, et dans laquelle, en m'engageant trop tôt, je risquais de faire fausse route; je sentais, d'autre part, mes derrières mal assurés, par suite du désordre où j'avais dû laisser nos ravitaillements à la côte.

» Quinze jours après, le Dr Ballay, par un billet daté du confluent de l'Alima et du Congo, m'informait que tout marchait à souhait. Les indigènes avaient partout manifesté sur son passage une curiosité craintive, absolument sans danger; ce sentiment s'était même parfois transformé en un véritable bon accueil. M. Ballay venait de nous ouvrir pacifiquement la voie.

» Cependant, M. de Lastours avait reconnu le N'Coni, affluent de l'Ogôoué, qui pénètre très avant chez les Batékés et permettrait peut-être d'économiser, sur les portages par terre, près de 100 kilomètres. A Diélé, nous nous séparâmes. M. de Chavannes, avec quelques hommes, devait fonder la station de Lékéti, point où l'Alima devient réellement navigable pour les vapeurs, et centre commercial avancé des Bafourous. Mon frère devait remonter l'Alima jusqu'à ses sources, puis, après une courte halte au plateau central des Achicouyas, il rejoindrait la rivière en aval, en descendant un de ses affluents, le Lékéti. M. Flicotteau, par le N'Gampo, allait chercher un point de raccord entre l'Alima et le N'Coni, reconnu par M. de Lastours; M. Roche menait les travaux de Diélé; quant au quartier-maître mécanicien, Ourset, il travaillait du matin au soir à la mise en place des chaudières dans le canot à vapeur, qu'au prix de rudes fatigues le Dr Ballay avait amené de la côte. Ce premier vapeur français sur le Congo, je l'appelai *le Ballay*.

» Une triste nouvelle me parvint au moment où moi-même je retournais à Franceville pour compléter nos ravitaillements et assurer autant que possible l'avenir : Flicotteau venait de mourir, tué par un bœuf blessé. C'était un brave compagnon de moins et dont bien des fois j'ai regretté l'activité intelligente et les loyaux services.

» A Franceville, je reçus quelques informations. Sous la direction intelligente et ferme de M. de Lastours, tout allait bien; de nouveaux postes avaient été créés, parmi lesquels le poste important de Bôoué, installé par M. Decazes. Mais, de la côte, toujours pas de nouvelles! Ce silence me parut la preuve du manque d'ordre que j'avais pressenti, l'indice de la désorganisation qui se produisait en mon absence. A mon retour sur l'Alima, j'étais fort inquiet à ce sujet, car j'allais être obligé de partir bientôt pour le Congo avec des ravitaillements moins que considérables, et de continuer à vivre avec cette économie, cette frugalité d'ascète qui constituait le fond de notre existence depuis six mois. Elle nous était imposée par le respect dû aux malades qui n'ont jamais manqué de rien et aux devoirs de l'hospitalité française envers les étrangers, nos voisins d'en face.

» Deux courriers successifs de M. Ballay me donnèrent de bonnes nouvelles. Il était installé à N'Gantchou et avait été cordialement reçu par Makoko, demeuré fidèle à sa parole, malgré toutes les tentatives et toutes les promesses faites pour l'en détourner. L'insuccès de ces tentatives fut sans doute l'origine des bruits qui circulèrent alors en Europe et sur la foi desquels on annonça que Makoko avait été détrôné; sa mort fut annoncée ensuite, puis la mienne, puis celle de mon frère, trois personnages qui ne se portaient pas mal et dont les affaires allaient fort bien.

» Le canot à vapeur était prêt, il avait fait ses essais; notre ravitaillement était transporté et accumulé à Lékéti; nous avions acheté des pirogues; tout fut chargé et je partis. Nous « stoppions » quelques jours dans le bas Alima, où je voulais en même temps gagner à nous les populations et choisir l'emplacement d'un poste.

» C'est là que, cinq jours plus tard, M. de Chavannes me rejoignait avec un courrier important que lui avait remis M. Decazes, arrivé à Diélé le lendemain de mon départ. Ces nouvelles, les premières qui m'arrivaient de la côte, ne confirmèrent que trop mes inquiétudes. Le Ministre de l'Instruction publique, sachant que je devais demeurer longtemps à l'intérieur, m'avait envoyé un second sur la côte, en nommant M. Dufourcq son délégué direct dans la zone maritime. L'arrivée de M. Dufourcq produisit un certain mécontentement dans un personnel habitué depuis mon départ à en prendre à son aise; nous étions loin de ce bel enthousiasme du début, de ces promesses de vaillance, de ces serments de tout supporter sans plaintes. Tout s'était évanoui devant la simple nécessité de renoncer à l'indolence et au bien-être. Les vides furent heureusement comblés, en partie, par un renfort de six Européens que M. Dufourcq avait amenés avec lui. Je dois ajouter ici que plusieurs des anciens restèrent fidèles, malgré tout, et ne dissimulèrent pas le sentiment que leur inspirait la résolution prise par leurs camarades.

» En somme, j'aimais mieux cela; la part du feu était faite : j'avais derrière moi un homme d'activité, qui m'assurait de son dévouement. Je pouvais aller de l'avant, débarrassé d'une inquiétude qui jusque-là m'avait poursuivi.

» En constituant M. Dufourcq son délégué direct, le Ministère de l'Instruction publique m'a enlevé le droit d'en faire l'éloge; je me bornerai donc à dire que M. Dufourcq s'est trouvé entouré de graves difficultés et que, même malade, il trouvait dans son patriotisme l'énergie nécessaire pour résister à tous les découragements et pour se multiplier sans cesse.

» Après une nuit passée entière à l'expédition d'un courrier, je rejoignis notre campement général, qui se trouvait quelque peu en amont, tandis que M. de Chavannes poursuivait sa route sur le Congo, avec cinq pirogues emportant toute notre richesse. Il s'arrêterait à

N'Gantchou, près de M. Ballay, et y annoncerait notre prochaine arrivée; de mon côté j'achetai quelques pirogues qui nous étaient encore nécessaires, et nous nous mîmes en route, définitivement cette fois. Partout m'accueillirent des démonstrations d'amitié, qui ne laissaient aucun doute sur l'heureuse influence exercée par le passage du Dr Ballay.

» A chaque agglomération de villages, toute une population grouillante, abandonnant ses occupations, nous entourait des manifestations les plus cordiales.

» L'Alima, après s'être infléchi longtemps au nord-est, puis à l'est, se dirigeait maintenant au sud; ses rives devenaient de plus en plus basses; la végétation se transformait, les marécages du delta apparurent avec leurs hautes herbes et les *Borassus* qui en émergent; tout à coup, brusquement, nous débouchions dans le Congo. Magnifique spectacle, Messieurs, que cette immense nappe d'eau touchant le ciel à l'horizon, semée d'innombrables îlots et sur laquelle s'épand à l'infini cette lumière intense qui semble noyer tous les objets et tous les plans dans une buée tiède et jaunâtre.

» Mais passons sur les beautés du site, aussi bien que sur les incidents d'un voyage de quatre jours dans les méandres du Congo. J'avais touché à la station de Bolobo et salué son chef, M. Librecks, un très avenant et très aimable officier de l'armée belge. Le 27 mars, j'arrivai à N'Gantchou. M. Ballay y était parfaitement installé et dans les meilleurs termes avec les chefs environnants, vassaux de Makoko. Je me retrouvais en pays connu : c'est là que, trois ans auparavant, je m'étais embarqué pour aller prendre possession des territoires cédés à N'Couna, que vous connaissez sous le nom de Brazzaville. Tous les chefs et nombre de leurs sujets étaient pour moi de vieilles connaissances; je fus assailli de visites et me fatiguai à serrer la main de tous ces amis de jadis.

» Makoko, prévenu de mon arrivée, m'avait envoyé saluer par une ambassade. En grande hâte, nous réunissions les présents destinés à récompenser sa loyauté et une marche de nuit nous conduisit aux abords de sa résidence.

» Il serait trop long de vous décrire en détail la cérémonie de réception et la remise des traités : j'en fais un abrégé sommaire.

» Est-il indispensable de vous dire que le cérémonial n'avait point tout à fait la rigoureuse correction d'étiquette exigée en pareil cas dans nos pays?

» Makoko me reçut avec une pompe peu usitée et des démonstrations de joie excessives. Tout d'abord, dans une chanson improvisée en mon honneur et faisant allusion aux faux bruits qui avaient couru sur mon compte, aussi bien en Afrique qu'en Europe, il disait au peuple présent :

« En vérité, en vérité,
» Vous tous, qui êtes là, voyez.
» Voilà celui qu'on disait mort; il est revenu.
» Voilà celui qu'on disait pauvre; voyez ses présents. »

» Et il désignait, en parlant ainsi, un magnifique tapis et un coussin de velours, que nous avions placés sur ses peaux de lion.

» Le peuple reprenait en chœur et en manière de refrain : « Ceux qui ont ainsi parlé sont » des menteurs. » Puis, suivant le cérémonial admis, se levant en même temps que moi, et faisant le même nombre de pas, Makoko me donnait une vigoureuse accolade, ne se lassant pas de sourire à son ancien ami.

» Je le priai de faire prévenir ses premiers vassaux, afin que la remise des traités pût se faire en séance solennelle. La cérémonie fut renvoyée au surlendemain.

» Au jour dit, tous les chefs et leurs plus notables sujets répondirent à la convocation. Le palabre se tint sous un velum de laine rouge, semblable à celui sous lequel avait eu lieu notre première réception. On avait déployé l'appareil le plus brillant des grands jours et, dans le but de donner plus de solennité à la cérémonie, chacun avait apporté ses dieux lares pour les prendre à témoin.

» C'était un spectacle bien étrange que cette nombreuse réunion, foule compacte accroupie, où, dans la bigarrure des étoffes à couleurs vives, le mouvement d'une lance ou le déplacement d'un fusil faisait passer des éclairs. Çà et là, tranchant sur le reste, quelques pagnes de satin ou de velours nous indiquaient que des générosités étrangères avaient devancé les nôtres et que tous n'avaient pas eu, comme le grand chef, le courage de refuser.

» Makoko trônait sur ses peaux de lion négligemment accoudé sur des coussins, entouré de ses femmes et de ses favoris. En face, à quelques pas de lui, M'pohontaba, l'un de ses premiers vassaux, et les autres chefs assis à terre sur des peaux de léopard, attendaient que le souverain donnât le signal du palabre. Nous étions entre les deux groupes, un peu sur le côté. Makoko, sans se lever, souhaita la bienvenue à tout son monde ; il expliqua en quelques mots le but de la réunion ; puis, chaque chef, M'pohontaba en tête, vint à genoux protester de sa fidélité à Makoko, seul vrai chef, disaient-ils, seul propriétaire et souverain de tous les territoires batékés. Tous se déclarent, comme autrefois, heureux et fiers d'être placés sous la protection de notre drapeau et le jurent sur les fétiches et par les mânes de leurs pères. A mon tour je rappelai le passé en quelques mots ; mes hommes présentaient les armes, on sonna aux champs et je fis à Makoko la remise des traités au nom de la France. Procès-verbal de la cérémonie fut dressé et signé, et on se rendit sous le « hall » improvisé où se trouvaient, exposés à l'admiration de tous, les présents destinés à chacun et étiquetés à son nom. Les cris de surprise, les marques de joie, les remerciements, jetèrent leur note bruyante et gaie dans le va-et-vient d'une foule curieuse ; puis, chacun emportant ses nouvelles richesses, on se dit gaiement au revoir.

» Il fallut rester chez Makoko quelques jours encore, pour l'aider à terminer les différends survenus entre certains vassaux depuis mon dernier passage. M. de Chavannes fut mon ambassadeur, et je me félicitai d'avoir à ma disposition un diplomate d'un nouveau genre, dont les premières négociations furent couronnées de succès. Pendant ce séjour, comme jadis, je ne pus que me louer des procédés aimables dont on usa envers moi et des soins empressés dont nous entourèrent la reine N'Gassa et ses servantes.

» J'allais partir ; dans un palabre intime, auquel assistèrent seuls les principaux chefs, il fut décidé que pendant que je me rendrais à Brazzaville par la voie du fleuve, M'pohontaba, muni des pouvoirs de Makoko, s'y rendrait par terre pour me remettre solennellement, au nom de son chéf, les territoires et les vassaux secondaires qui les administrent. M'pohontaba, il faut le dire, est ce grand vassal de Makoko, qui était censé avoir détrôné son souverain (1).

» Le lendemain nous étions de retour auprès de M. Ballay ; deux jours de nouveaux préparatifs et le canot à vapeur, suivi d'une dizaine de pirogues, amenait à Brazzaville MM. Ballay, de Chavannes et moi.

» A Brazzaville nous fûmes bien accueillis ; on ne m'avait pas oublié et deux jours après notre arrivée, ces mêmes indigènes qui avaient refusé les offres de M. Stanley et des agents de l'Association, qui avaient même, par une réserve excessive, refusé d'admettre sur leur territoire le R. P. Augouard et ses missionnaires, ces sauvages qui, disait-on, devaient me mettre à la porte moi aussi, me donnaient toutes les marques de déférence, sans que je leur eusse fait un seul cadeau. Ils consentaient même à me céder, pour une valeur inférieure à 200 francs, tout un petit village dont les cases abritèrent mes hommes et que sa situation au bon air et dominant le fleuve nous avait fait choisir pour le nouvel emplacement de la station de Brazzaville.

» Brazzaville dont on vous a parlé si souvent est située sur l'extrémité d'une croupe assez large qui domine le Congo et s'abaisse brusquement à cent mètres de la rive, dans un éboulement de sable argileux. Cette croupe semble être le premier obstacle contre lequel se butte le fleuve pour aller en tournant se précipiter à la première cataracte. De là le regard embrasse dans son entier l'immensité du Stanley-Pool et tout le cirque de hautes montagnes qui l'entourent. Le pays est peuplé, le sol est fertile, l'air est sain et la brise constante d'ouest y apporte la fraîcheur relative des plateaux qu'elle a traversés.

» Au moment de mon départ de l'Europe, certaines feuilles étrangères avaient affirmé qu'une « réception chaude » m'attendait sur le Congo : elles ont eu raison, mais non dans le sens de leur pensée : nous avions été, en effet, très chaudement et très cordialement accueillis.

» Sur la bonne impression de cet accueil, M. Ballay nous quittait pour prendre le chemin de l'Europe...

» Nous étions établis sur la rive droite du fleuve, tout à fait au-dessus des premiers rapides. L'Association internationale avait installé en face, sur la rive gauche, trois ou quatre stations, au nombre desquelles Léopoldville. Tous ces établissements étaient situés sur un territoire administré par des vassaux secondaires de Makoko et n'avaient pas par conséquent, vis-à-vis de nous, l'indépendance absolue que l'Association prétendait leur attribuer. Voulant de suite rendre nette notre situation réciproque, je cherchai immédiatement à entrer en pourparlers avec le représentant de M. Stanley ; on fit la sourde oreille à toutes mes propositions d'entente.

(1) Le traité conclu par un des agents du Comité avec M'pohontaba était daté « Falla », 21 décembre 1882. Or, en langue du pays, Falla signifie France. Ce nom fut donné par Makoko à la contrée en 1880, à la suite du traité conclu avec lui.

» Vainement j'allai par trois fois à Léopoldville : trois fois on prétexta d'une absence. J'invitai alors à venir me voir : on était malade ; j'écrivis : on me répondit toujours d'une manière évasive et sans avoir l'air de comprendre.

» Lassé de ces faux-fuyants, qui répondaient mal à mes dispositions et à la franchise de mon attitude, j'envoyai M. de Chavannes faire une dernière fois mes offres d'entente, et le lendemain, dans un palabre solennel, le délégué de Makoko, me présentant les chefs des deux rives du Congo, leur ordonnait de n'obéir qu'à moi ; puis, prenant les mains de tous, il les mettait dans les miennes en signe d'abandon.

» Cette cérémonie n'était du reste que la répétition de celle qui avait eu lieu à mon premier voyage en 1880. Le procès-verbal en fut dressé et communiqué le lendemain au représentant de l'Association.¹ Il fut répondu à cet envoi par une lettre peu courtoise ; mais, habitué à ce genre de procédé, je déclarai que j'en référerais à mon gouvernement, que je demandais un arbitrage, et je partis. Nos droits étaient établis, la solution seule était ajournée.

» Outre qu'il était strictement de mon devoir de faire valoir dans leur intégrité les droits de la France, en gardant à Brazzaville la clef du Congo supérieur, j'avais un sûr moyen de rentrer en possession de la vallée du Niari Quillou et des 360 kilomètres de côtes, que le Comité avait occupées entre le Sette Cama et le Chiloango.

» La résolution que j'emportais un an auparavant de Loango était venue à effet ; mon premier but était atteint ; le dommage causé par le temps perdu et par les désordres et l'apathie qui avaient régné à la côte était réparé.

» J'avais appris à connaître M. de Chavannes depuis plus d'un an et je le savais assez patient, assez perspicace, pour se maintenir seul à Brazzaville, dans la situation embarrassante que nous créaient les difficultés avec l'Association. Tout en le plaignant de la situation peu enviable où il demeurait, je partis sans inquiétude, en lui laissant mes pouvoirs.

» C'était le 1ᵉʳ juin 1884 ; il avait fallu plus d'un an pour atteindre mon premier but, et quelque désireux que je fusse de poursuivre immédiatement les autres, fatigué d'une continuelle tension d'esprit et d'ailleurs malade, je me décidai à prendre huit jours de repos à notre station de N'Gantchou.

» Mieux portant au bout d'une semaine, j'essayai mes forces en allant visiter Makoko, qui, sur la nouvelle des différends survenus à Brazzaville entre le Comité d'études du Congo et nous, ne parlait de rien moins que de s'y rendre lui-même avec les forces réunies de ses vassaux pour faire respecter ses volontés. Ce ne fut pas sans peine que je parvins à le calmer.

» Dans cette courte promenade, j'avais compté cent un éléphants en trois jours et profité de leur bonne volonté pour en tuer quatre, dont les défenses, données en présents à certains chefs, me firent passer pour un homme complètement désintéressé des biens de ce monde.

» A peine si je serrai la main à M. Decazes en pasasnt à Diélé : en quelques jours j'étais à Franceville et descendais l'Ogôoué jusqu'aux Adoumas. Sans doute il m'aurait fallu descendre à la côte, voir un peu où en étaient nos affaires et causer avec M. Dufourcq ; des renseignements verbaux l'eussent, autrement que des lettres, instruit sur notre situation et sur nos besoins à l'intérieur. Mais le défaut de personnel me forçait à repartir pour aller moi-même pourvoir au plus pressé au-dessus de l'Alima.

» Avec la plus vive satisfaction, j'avais constaté les progrès que faisait l'Ogôoué sous la direction de M. de Lastours. Il s'était bien tiré de sa tâche d'organisation : l'influence qu'il avait prise sur les populations était considérable; au mois de mai il m'en avait donné la preuve, en amenant de l'Ogôoué au Congo et en conduisant jusqu'à Brazzaville 50 Adoumas ou Okandais dont la présence contribua alors sérieusement à accroître notre prestige.

» Prenant donc avec moi un certain nombre de ces hommes, je repartis immédiatemen avec mes nouveaux auxiliaires de l'Ogôoué, pour aller agir au Congo. Mon intention était de remonter ce dernier fleuve aussi haut que possible et d'y établir notre influence par des traités.

» Je brûlai l'étape de Franceville, celle des Batékés et nos postes de l'Alima. Lorsque je débouchai sur le Congo avec e canot à vapeur suivi de sa flottille, ce fut une heureuse surprise pour moi de trouver là M. Dolisie, que j'avais laissé à Loango jadis et qui avait rejoint le Congo supérieur par les vallées du Quillou et de la Loudima. Parti épuisé de Brazzaville, avec l'intention d'aller prendre en Europe un repos bien nécessaire, M. Dolisie avait trouvé dans l'air vif du fleuve et plus encore dans l'énergie de son caractère le rétablissement imprévu de ses forces. Quand je le rencontrai, il était presque en bonne santé et me demanda lui-même de se remettre à l'action. J'y consentis d'autant mieux que ma présence était nécessaire ailleurs et que je savais M. Dolisie parfaitement capable de manœuvrer à ma place dans le rayon où je voulais agir. A l'école de M. de Chavannes, il s'était vite assimilé les qualités de patience nécessaires, avait pris l'habitude du pays et venait de conclure d'importants traités chez les Oubauguis, en amont de l'Alima. Je lui laissai donc le canot à vapeur et après avoir donné de sommaires instructions, je revins sur mes pas pour gagner rapidement la côte, où j'arrivais le 1ᵉʳ décembre 1884.

» A ce moment-là nos droits établis à Brazzaville nous assuraient, par avance, la possession prochaine du Quillou et notre influence allait s'étendre sur la rive droite du Congo, en amont du confluent de l'Alima. Il restait désormais à faire certaines explorations importantes que je n'avais pu entreprendre jusqu'alors faute de monde; il restait également à produire une action aussi loin que possible sur le haut Congo pour avoir en main, à l'heure voulue, des éléments de compensation. C'était la seconde partie du programme, la plus intéressante mais non la plus facile, étant données l'exiguïté de nos ressources et la faiblesse de nos moyens d'action.

» Avant de me consacrer à cette partie nouvelle de la tâche, il fallait laisser derrière moi une situation aussi nette que possible, rassembler les éléments des expéditions futures et les pousser devant moi. J'employai près de trois mois à ce travail; trois mois pendant lesquels je courus d'un point à l'autre, réglant une difficulté à Loango, causant politique à Vivi, veillant au ravitaillement de tous, donnant partout des conseils ou des ordres et surveillant les préparatifs de mon propre départ.

» Cent cinquante porteurs de Loango, recrutés par mes soins, montaient à Franceville en

3

longeant l'Ogôoué sous la conduite du maréchal des logis Weistroffer. On était au commencement de mars. Dix jours encore furent consacrés à mes derniers préparatifs et, pour la seconde fois, je me lançai à l'intérieur, décidé à aller loin si rien ne venait entraver mes projets.

» L'Ogôoué semblait fou cette année-là ; une crue énorme survenue à la meilleure époque de l'année avait causé, dès les premiers jours, la perte de plusieurs pièces importantes de la canonnière démontable le *Djué*. Il fallait redemander en Europe le double des pièces perdues.

» En attendant la baisse des eaux, je m'arrêtai à chaque agglomération de villages riverains, pour achever l'importante organisation indigène dont j'avais jadis jeté les bases et que M. de Lastours avait poussée suivant mes vues ; ce n'était pas là perdre mon temps.

» Je fus retenu à Madiville, station des Adoumas, par la crue persistante du fleuve. M. de Lastours organisait la première des expéditions projetées à la tête de laquelle il devait partir. Cette expédition quitterait l'Ogôoué pour gagner directement le bassin de la Bénoué, en se maintenant autant que possible sur la crête qui sépare le bassin du Congo des autres bassins côtiers du Nord.

» Enfin les eaux de l'Ogôoué ayant baissé de plusieurs mètres en quelques jours, la navigation devenait normale ; en une semaine je fus à Franceville, où je trouvais M. Decazes qui se rétablissait d'une fièvre. Les nouvelles qu'il me donna du Congo et de l'Alima étaient bonnes. M. Dolisie, en deux voyages successifs, avait découvert et reconnu le Mossaka et le Shanga, puis le cours supérieur de l'Oubangui-N'Kundja et avait fait de nombreux traités avec les tribus riveraines dans le haut cours de ce fleuve et fondé de nouveaux postes.

» M. Decazes, avec le tact patient qui est le fond de son caractère, dirigeait tout son monde, aimé de tous ; sous sa direction, notre influence s'était beaucoup développée chez les Batékés, et avec cette influence, la facilité d'obtenir des ressources soit en vivres, soit en hommes. Le service des porteurs était si bien organisé, que notre vapeur le *Djué*, dont le poids passait 30 tonnes, avait été transporté en moins d'un mois de l'Ogôoué à l'Alima (1).

» Comme j'allais quitter Franceville et poursuivre avec tout mon monde, de mauvaises nouvelles apportées par un exprès vinrent me retarder encore.

» Deux des nouveaux membres de la mission, MM. Taburet et Desseaux, venaient de succomber à la côte, et M. de Lastours, pris d'un accès de fièvre pernicieuse au moment où il allait se mettre en marche, me suppliait de descendre en hâte à Madiville, recevoir ses dernières volontés.

---

(1) En deux autres endroits différents, une tâche semblable était poursuivie presque simultanément. Le gouvernement de la Sénégambie a transporté du Sénégal au Niger, sur une route de 900 kilomètres, une canonnière d'un tonnage beaucoup plus faible que le *Djué*. Le prix du transport a été d'environ 400 000 francs. Le Comité d'études du Congo a transporté de Vivi à Léopoldville, sur une route de 450 kilomètres, un vapeur d'un tonnage un peu supérieur, dont le transport a coûté plus de 400 000 francs. Le prix de transport du *Djué*, sur une route d'environ 700 kilomètres dans les rapides et d'environ 200 kilomètres par voie de terre, nous a coûté à peu près 27 000 francs. Ce résultat est dû à l'organisation de notre service d'auxiliaires indigènes. Le transport de terre a été effectué sans exiger d'autre surveillance que celui de quatre soldats noirs du Sénégal.

» S'il est une situation cruelle, c'est bien celle de se voir placé entre le cœur et la raison, entre les devoirs d'humanité et le devoir absolu de poursuivre sa tâche sans regarder derrière soi.

» Un de mes plus zélés collaborateurs se mourait et me suppliait de l'assister à ses derniers moments; le courant de foudre de l'Ogôoué pouvait me porter près de lui en moins de deux jours; j'hésitai un instant, puis, le cœur l'emportant sur la raison, je sautai en pirogue et arrivai à temps pour serrer encore une main qui semblait vouloir se souder à la mienne dans une dernière étreinte, pour fermer des yeux qui s'éteignirent dans les miens.

» M. de Lastours était un Français dans toute l'acception du mot, un de ces dévoués aux grandes idées, un de ces hommes au chaleureux courage, qui aiment leur patrie par-dessus tout.

» Puissent aujourd'hui ces paroles payer à ceux qui dorment là-bas le juste tribut de regrets qu'on n'est pas en droit d'accorder au cours de l'œuvre. Ce n'est qu'après la lutte qu'on peut songer à compter ses morts et à les pleurer. Les nôtres gardent éternellement sur les rives de l'Ogôoué et du Congo le nom de la France, martyrs de la foi patriotique et du dévouement au pays, muettes sentinelles endormies dans les plis du drapeau national.

» Aussitôt les derniers devoirs rendus à notre pauvre ami, je fis violence à ma tristesse et me hâtai vers Franceville. J'espère qu'on m'aura pardonné cette perte de temps de quinze jours, sacrifice à une faiblesse de sentiment dont je n'avais pas su triompher. Si je n'avais pas travaillé pendant ce temps-là, j'avais du moins beaucoup souffert.

» Quand j'arrivai à Franceville, M. Decazes et mon brave Roche me consolèrent de leur mieux. M. Roche est ce brigadier de la garde républicaine qui avait été, pendant quelque temps, chef de la station de Diélé et que j'avais installé récemment comme chef de Franceville. Scrupuleux observateur des consignes, il était amoureux d'ordre et d'économie, au point de se refuser le nécessaire et de retrancher aux autres tout ce qu'il croyait superflu.

» En quittant les Adoumas, et faute d'avoir d'autre Européen immédiatement sous la main, j'avais chargé mon frère de conduire l'expédition dont M. de Lastours allait prendre le commandement au moment où il succombait. Il eût été profondément regrettable de ne pas utiliser immédiatement les éléments préparés pour ce voyage et qui se fussent sans cela désagrégés en pure perte. Mon frère partit donc accompagné d'un camarade profondément dévoué qui l'avait suivi partout, M. Pécile.

» J'attends incessamment de ses nouvelles, j'espère qu'il aura réussi et je compte qu'il se sera montré digne de la succession qu'il a recueillie.

» Nous étions déjà au 15 juillet 1885, il semblait que ce fût tard pour entreprendre un voyage de longue haleine. La nouvelle de la convention du 5 février entre la France et l'Association et le résultat de la conférence de Berlin, qui vinrent me trouver alors, rendaient inutile l'action projetée dans le haut Congo. La Compagnie d'auxiliaires indigènes que je conduisais allait me servir du moins, pensais-je, à continuer l'exploration de la N'Kundja-Oubangui. On pousserait aussi loin qu'on pourrait dans cet affluent, pour tâcher d'atteindre la limite de son bassin et de reconnaître les nœuds orographiques qui déterminent, à proprement parler, le bassin du Congo, du côté du nord. Je rêvais de ces hypothèses quand vint me surprendre l'ordre de rentrer en France.

» La mission de l'Ouest Africain était déclarée terminée et l'Administration de la Marine prenait la suite de mes travaux : je devais rentrer au plus vite.

» Deux lignes de retour s'offraient à moi : revenir sur mes pas par l'Ogôoué, où je n'avais rien à faire (des ravitaillements plus que suffisants s'y trouvaient accumulés, et tout y était organisé et tranquille), ou bien poursuivre par l'Alima et le Congo et rentrer par Brazzaville directement à la côte.

» J'optai pour ce dernier parti, qui me permettrait de me rendre compte *de visu* de la situation politique et matérielle de nos possessions du Congo, d'où j'étais absent depuis long-temps. En outre il était de mon devoir de ne pas rentrer en Europe sans avoir donné une direction aux moyens et aux forces que j'avais amenés, non sans difficultés, sur l'Alima ; c'eût été sacrifier, en pure perte, un premier résultat. Je descendis donc avec M. Decazes, auquel j'allais remettre en partant la direction de tout l'intérieur.

» Le jour même où notre flottille de quinze pirogues atteignait le poste du bas Alima, M. de Chavannes y arrivait ; la vue de nos pavillons en berne lui annonça de loin qu'il allait apprendre de tristes nouvelles. Lui aussi nous en apportait : le quartier-maître Le Briz venait de succomber sur le Congo. En brave marin, il était mort comme il l'eût fait sur le pont de son vaisseau, un jour de bataille. Quand vint la dernière minute : « Je m'en vais, dit-il, d'une voix ferme encore ; » vous direz à M. de Brazza que j'ai toujours fait mon devoir. » Il semblait ne regretter de la vie que la satisfaction du devoir accompli.

» Ah ! Messieurs, que de grandes choses on ferait avec de tels hommes et de tels dévoue-ments.

» M. de Chavannes, que j'étais heureux de retrouver après une longue séparation, me mit vite au courant des affaires du Congo et nous reprîmes tous notre route. M. Decazes allait droit nous attendre à Brazzaville pendant que je montais à l'Oubangui.

» L'ordre de rentrer au plus vite ne me permit pas de rester aussi longtemps que je le désirais dans ces pays que je voyais pour la première fois et où mes collaborateurs avaient établi notre influence aussi bien et aussi sagement que j'eusse pu faire moi-même. M. Dolisie était de retour d'une troisième expédition dans l'Oubangui, poussée jusque par 3 degrés environ au-dessus de l'équateur. Sur ces nouvelles rives, il avait jeté les bases d'une future organisation.

» Ayant fait une visite à notre poste de Bonga et de N'Kundja, je quittai à regret ces para-ges où m'avait précédé une pacifique renommée ; je pressentais tout le parti à tirer de ces populations neuves, analogues par leur race, leurs mœurs et leur langage, à certaines peuplades turbulentes de l'Ogôoué.

» Un court séjour au milieu de ces populations d'Oubangui avait fait naître en mon esprit l'espoir d'unifier quelque jour ce nouveau domaine avec l'ancien par une organisation similaire.

Plaise à Dieu que ce résultat soit un jour atteint et que ces contrées jusqu'ici vierges puissent, en un nombre restreint d'années, se transformer au contact de notre civilisation ; elles payeront alors leur dette de gratitude à la France, en devenant pour elle une source de développement et de richesses.

» Mais j'abuse de votre attention, Messieurs ; je me hâte donc de revenir à Brazzaville, puis de gagner la côte à Banane, en traversant la belle mission apostolique de Linzolo et les stations du nouvel État du Congo, qui était né de deux éléments différents : l'Association internationale Africaine, et le Comité d'Études du Congo (1). Partout je reçus le plus cordial accueil et la meilleure hospitalité. J'arrivai le 18 octobre de cette année à Libre-ville, où j'aurais voulu rester, afin d'initier M. Pradier à une situation absolument neuve pour lui et à une organisation si différente de celle de nos colonies. Mais le maniement de cette organisation dépend surtout de l'initiative et de l'expérience de ceux qui la dirigent sur place ; d'ailleurs l'activité, l'intelligence, dont M. Pradier donnait des preuves, étaient stéri-lisées d'avance par sa situation de gouverneur du Gabon qui l'attache au rivage. Aurais-je pu, en quelque temps, lui inculquer mon expérience de dix années ? Qu'aurait-il pu, à son tour, transmettre au bout d'un an à son successeur ?

» Enfin, après avoir remis définitivement mes pouvoirs, je rentre en France deux ans et neuf mois après mon départ.

» Au risque de lasser votre bienveillance, je dois encore consacrer quelques minutes à l'exposition sommaire des résultats acquis.

» Qu'avons-nous fait durant ce voyage ? Comment ai-je profité, dans l'intérêt du pays, des pouvoirs et des ressources pécuniaires qui m'ont été confiés ?

» Au point de vue géographique, de nombreux tracés ont été faits ; les travaux de MM. de Rhins, Dufourcq, etc., ont complété mes anciens travaux sur l'Ogôoué ; le bassin de l'Alima est donné par les travaux de MM. Ballay, de Chavannes, Decazes, de mon frère Jacques et les miens propres ; ces travaux, qui se contrôlent, offrent donc certaines garanties d'exactitude.

» De la N'Kundja à Brazzaville, la rive et les deltas ont été relevés par MM. Dolisie et de Chavannes. De remarquables travaux d'hydrographie, sur la côte du Loango, sont dus à M. le commandant Cordier ; la topographie sommaire de la côte même a été faite par M. Manchon, qui occupait ainsi les loisirs de sa corvée de gardien de territoires. Les itinéraires de M. Manchon et ceux de M. Dolisie relient Loango à nos stations de la Loudima et à Brazzaville. Enfin deux expéditions marchent aujourd'hui parallèlement dans le blanc de la carte, situé au nord de l'Ogôoué et de l'Alima : l'une est conduite par mon frère Jacques, je l'ai dit plus haut ; l'autre par M. Dolisie, aidé de M. Froment, un homme jeune et tenace, qui venait de passer plus d'un an au milieu des populations de l'Oubangui. Ces deux expéditions sont comme le couronnement de la tâche et ne sauraient manquer d'amener des découvertes importantes à tous égards.

---

(1) L'Association internationale africaine avait pour devise : « Science et Humanité ». Le Comité d'Études du Congo avait pour devise : « Politique et Liberté commerciale. »

» Des données astronomiques ont été fournies pour fixer les points géographiques et avec elles ont été effectuées des observations de météorologie, de minéralogie, de géologie. De belles collections d'histoire naturelle ont été réunies grâce au concours de tous, par les soins spéciaux de mon frère ; elles doivent arriver très prochainement à Paris. A ces collections viennent se joindre une quantité de croquis, de dessins, de photographies et notes ethnographiques d'un grand intérêt.

» Tous ces travaux ont été exécutés au milieu d'occupations imposées par la création de huit stations ou postes dans le bassin du Congo, de huit autres dans celui de l'Ogôoué, et de cinq sur la côte ou dans la vallée du Quillou.

» A côté de ces résultats scientifiques se placent des résultats économiques plus importants encore.

» Le premier est d'avoir conquis sur les populations cette influence définitive qui doit, à mon avis, constituer l'élément primordial essentiel de toute création de colonie. Tirer parti des indigènes, fondre leurs intérêts dans les nôtres, en faire nos auxiliaires naturels, c'était là, suivant moi, l'un des plus hauts objectifs de ma mission.

» A l'heure présente les anciennes tribus de l'Ogôoué sont complètement dans nos mains. Par les traités qui les lient, leurs hommes nous doivent annuellement un temps déterminé de service ; en dehors de leur salaire, elles trouvent, dans de sérieux avantages économiques et dans notre protection, une compensation au temps qu'elles nous consacrent.

» Les Pahouins eux-mêmes, ces tribus cannibales que de puissantes migrations conduisirent autrefois sur les bords de l'Ogôoué et que leur sauvagerie comme leur instinct de pillage avaient longtemps éloignés de nos vues, y arrivent enfin. Ces mêmes Pahouins, qui depuis vingt ans sont en révolte constante et ouverte contre l'autorité du Gabon, ont été amenés, par les intérêts que nous leur avons créés, à traiter avec nous sur les mêmes bases que les autres peuplades. Ils ont dû, eux aussi, consentir à nous fournir des auxiliaires, et c'est là une garantie considérable au point de vue de la tranquillité ; peut-être est-ce même le seul moyen de maintenir une sécurité complète dans un pays qui est absolument — j'allais dire heureusement — hors de la portée des canonnières. Ces nouvelles recrues sont venues sans trop de répugnance s'encadrer dans les rangs de nos premiers auxiliaires : Adoumas, Okandas, Apingis, Okotas, Bangoués, toutes tribus dont les avaient toujours éloignés aussi bien une inimitié instinctive que des intérêts faussés et mal compris.

» Peu à peu ces Pahouins viendront doubler et tripler le nombre de nos auxiliaires ; leurs aptitudes naturelles, leur force physique, leur sobriété extrême, les rendent merveilleusement propres à nous seconder dans ces contrées neuves.

» C'est ainsi que se constitue l'homogénéité des éléments maniables de l'Ogôoué ; tous ces hommes, réunis par les mêmes intérêts dans un même sentiment de dépendance à notre égard, sont aujourd'hui liés à nous par une organisation dont l'idée première m'a été donnée par l'inscription maritime de la France.

» Pagayeurs, porteurs ou soldats, suivant les besoins, ces hommes manœuvrent nos pirogues dans les rapides, transportent nos marchandises et sont toujours prêts à suivre et défendre notre drapeau.

» C'est enfin là la solution d'un problème que j'ai mis dix ans à résoudre.

» Dix ans pour arriver, dans ces contrées, à un embryon d'organisation à la fois économique et politique, peuvent sembler un temps considérable aux personnes étrangères à cet ordre de questions. Eh bien, Messieurs, je vous affirme qu'il y a dix ans je ne croyais pas obtenir en si peu de temps un pareil résultat. Il n'a fallu rien moins que le concours intelligent de mes collaborateurs et des soins constants, pour aboutir à la solution actuelle qui est, je crois, la seule possible. Ce que la patience et la persévérance ont fait en dix ans, la force n'eût pu l'accomplir, même au prix des plus grands sacrifices.

» Ailleurs que dans l'Ogôoué, sur les plateaux qui séparent le bassin de cette rivière de celui du Congo, nous avons, dans les groupes de villages voisins de la route, plus de 3000 Batékés qui, pour n'être pas encore précisément enrôlés et disciplinés, n'en effectuent pas moins honnêtement et régulièrement nos transports.

» Les Batékés du haut Alima ont commencé à devenir nos pagayeurs, et à l'ouest de Brazzaville les Ballalis, en attendant de devenir nos porteurs, nous fournissent plus de travailleurs qu'on n'en saurait utiliser.

» Dans le haut Congo, enfin, chez les peuplades encore barbares, notre action est trop récente pour avoir pu produire de semblables résultats; je ne doute pas, toutefois, que nous ne les obtenions par la patience. Les immolations humaines, qui sont dans les coutumes de ces peuples, deviennent moins fréquentes. Si nous avions voulu moraliser par la force, nous n'aurions pas obtenu ce commencement de progrès, qui nous a dédommagés de lents et pacifiques efforts.

» En un mot, à différents titres et dans des contrées différentes, depuis l'indigène transformé en soldat et qui passe un an sous les armes, jusqu'à celui qui porte un ballot pendant sept jours, environ 7000 hommes sont employés annuellement par nous. Ils perdent à notre contact les vices de leur sauvagerie primitive, notre langue et notre influence se répandent dans leurs familles et dans leurs tribus, et ce groupe, qui représente une population d'environ cinq millions d'âmes, se forme progressivement à l'école du travail et du devoir. Une influence ainsi basée doit être stable et féconde et je puis en donner une preuve. Il y a douze ans, le seul commerce du haut Ogôoué était la traite des esclaves; le chiffre total du commerce du Gabon atteignait à peine deux millions; aujourd'hui le commerce licite a remplacé l'ancien trafic et le chiffre des transactions atteint environ quatorze millions de francs (1).

» Enfin, nos possessions qui jadis ne comprenaient qu'une bande étroite et insignifiante de côte, entre le cap Saint-Jean et le cap Sainte-Catherine, sont actuellement plus que centuplées. Elles ont aujourd'hui pour limites : au nord, la rivière Campo, à l'est, l'Afrique centrale, puisque la convention du 5 février 1885 nous donne le bassin de la N'Kundja-Oubangui; au

---

(1) *Les Colonies françaises*, par M. Louis Vignon. Paris, Guillaumin et Cⁱᵉ, 1886.

sud, enfin, elles touchent le Cacongo, limite qui bornait au nord les prétentions d'une nation amie. Cette limite, historique plutôt que réelle, nous avions tenu toujours à la respecter, nous en avions donné le gage; le Portugal voudra certainement, à son tour, la respecter aujourd'hui.

» Il nous a fallu, au Dᵣ Ballay et à moi, dix ans pour atteindre les résultats que je viens d'exposer. Dans ces dix années nous avons dépensé deux millions deux cent cinquante mille francs. Notre crédit moral auprès des indigènes et notre manière d'agir ont été pour nous l'équivalent des sommes considérables qu'a dû dépenser l'Association internationale Africaine. Notre lenteur même a valu à notre autorité de s'établir dans ces contrées sans coûter de sang ni à l'Europe, ni à l'Afrique et sans amener aucun froissement ni aucun trouble dans la politique générale de la France.

» Laissant maintenant le passé pour l'avenir, je me demande ce qui reste à faire encore.

» Ces contrées de l'Ouest Africain qui constituent notre nouvelle colonie sont loin d'être toutes parfaitement étudiées, complètement organisées et ne peuvent entrer en exploitation que le jour où les voies de communication auront relié à la mer l'immense réseau navigable de l'intérieur. Il reste donc à poursuivre notre œuvre d'étude et d'organisation, et pour la continuer dans les meilleures conditions possibles il suffirait d'y employer une cinquantaine d'Européens et à peu près deux cents noirs, soit une dépense annuelle d'environ un million : c'est prêter à un avenir que je crois solvable, mais il serait de toute nécessité d'établir un sérieux programme d'ensemble. Il faudrait, tout d'abord, que des crédits successifs fussent, dès aujourd'hui, assurés d'année en année. Sans un avenir ainsi garanti, un programme complet d'exploration et d'organistion ne saurait être exécuté, ni même préparé. — J'ajoute que ce programme doit absolument s'inspirer des vues et des procédés que nous avons employés, seule sauvegarde de la sécurité et du sage développement commercial du pays, seule garantie du maintien de nos moyens d'action et de l'économie dans nos budgets futurs.

» L'avenir du bassin du Congo, considéré d'une façon tout à fait générale, dépend en partie des voies de communication à créer. Dans les obscurités actuelles de la question, je ne sais ni où ni quand, ni comment ces voies seront établies, mais je puis affirmer qu'elles le seront quelque jour. Plus ou moins tôt, plus ou moins tard, cela dépendra plus encore des procédés que du reste. Par là, je m'éloigne peut-être de certaines opinions qui, trop légèrement émises, ne font pas assez la part du temps et des circonstances. Ces opinions diffèrent encore des miennes en ce sens que je considère l'Ouest Africain et le bassin du Congo comme un pays dont l'avenir dépend du commerce et de la culture des indigènes, non de la colonisation par l'émigration.

» Nous sommes là en face d'un problème économique et social fort ardu. Pour travailler à le résoudre, la science n'aura pas trop de toutes ses notions.

» Voilà une contrée neuve encore, où s'acclimateront individuellement quelques Européens, mais où l'Européen en général, surtout celui du Nord, se trouve dans un milieu défavorable à son tempérament. Cependant on convient que les richesses naturelles de ce pays merveilleusement arrosé sont considérables, mais il faut les aller chercher au cœur du continent, en former de grands courants et les diriger vers la côte. Il faut compter aussi que certaines cultures convenablement établies s'ajouteraient encore à ces richesses naturelles, sous une latitude qui, tout en étant plus à portée de l'Europe, est celle de Sumatra, de Bornéo et du Brésil.

» Sans parler ici de l'ouverture des voies de communication, à laquelle il y aurait à pourvoir d'une manière spéciale, la récolte des produits du sol, l'établissement des cultures, représentent une main-d'œuvre considérable qu'on ne peut demander ni aux Arabes, ni aux Chinois, ni surtout aux ouvriers de race blanche.

» Or cette main-d'œuvre, nous la trouvons sur place, dans des populations fort primitives, il est vrai, mais non point inintelligentes et qui sont assez maniables pour qui sait les manier, ne pas les heurter, apporter dans les relations avec elles beaucoup de fermeté, une bienveillance sans faiblesse et une patience sans limites.

» En voulant leur imposer brusquement nos réglementations, nos manières de faire, de voir et de penser, nous arriverions infailliblement à une lutte où nous les conduirions à l'anéantissement. A part même la question d'humanité, la protection des indigènes me semble être, en ce cas, l'hygiène la plus sûre pour la poule aux œufs d'or.

» Aussi bien que personne, je connais les difficultés de création d'une colonie sans en forcer le développement, sans vouloir qu'elle rentre dans un type déterminé. Que la haute administration, que le haut commerce prennent garde de vouloir mettre trop vite en coupe réglée une possession qu'à vrai dire nous connaissons encore insuffisamment et dont les indigènes ne sont pas encore initiés à ce que nous voulons d'eux.

» Ainsi donc notre action, jusqu'à nouvel ordre, doit tendre surtout à préparer la transformation des indigènes en agents de travail, de production et de consommation ; plus tard viendra l'Européen avec le simple rôle d'intermédiaire.

» Je ne saurais assez le répéter ici : préparer un pays à la colonisation est œuvre de temps et de patience. Ce qu'il reste donc à faire, c'est d'étendre à nos possessions du haut Congo l'action qui s'exerce actuellement sur les rives de l'Ogôoué, et cette tâche ne saurait être ni l'œuvre d'un jour, ni celle d'organisateurs qui auraient tout à apprendre, quels que soient leur intelligence et leur bon vouloir.

» L'influence personnelle est grande maîtresse en ces questions ; aussi, à des influences changeantes et variées il faudra préférer l'action continue et persistante des mêmes hommes, qui conduit à tous les résultats chez des peuplades primitives. Ces peuplades aiment d'abord le drapeau pour celui qui le porte, et la plupart du temps personnifient en ceux qu'elles connaissent l'idée vague du pays lointain dont on leur parle. Voilà pourquoi il faudrait, autant que possible, les mêmes volontés à la même tâche, sur les mêmes lieux, les mêmes dévouements aux mêmes intérêts. Faute de similitude dans les procédés dont on use envers eux, les indigènes perdent rapidement confiance, et de la méfiance à la peur et à la méchanceté il n'y a qu'un pas.

» Outre que la force est un mauvais moyen, il est impossible de l'employer actuellement dans les contrées de l'intérieur. La présence de nos canonnières du Gabon dans le Remboé et le Como sont bien loin d'avoir civilisé ou pacifié le pays. Les rapides de l'Ogôoué sont, du reste, pour ces engins de guerre une barrière infranchissable.

» Ce qu'il faut redouter par-dessus tout, c'est de renverser en un jour l'œuvre de dix années, car l'intervention de la force dans une œuvre préparée par la patience et la douceur peut tout perdre d'un seul coup.

» Ce n'est pas, croyez-le bien, un amour égoïste de l'œuvre à laquelle je me suis voué qui me fait parler ainsi, c'est le sentiment raisonné et réfléchi de ce que je crois être les intérêts du pays.

» Avant de terminer, il est juste que j'adresse un remerciement général à ceux qui, de France, nous ont prêté non seulement l'appui moral de leurs sympathies, mais aussi le concours plus efficace de leur autorité.

» Il est juste aussi que je vous livre les noms de quelques-uns des collaborateurs demeurés derrière moi, et qui, faisant le sacrifice de leurs plus chers désirs, l'abandon de leur droit au retour, ont consenti à demeurer au poste que leur expérience est toujours prête à défendre. Ceux-là s'appellent :

» Lieutenant Decazes, MM. de Kerraoul, Laneyrie, Chollet, Weistroffer, l'adjudant Pierron, MM. Ponel, Roche, Jégou, Manas (1), Devy, Pouplier, Kleindienst et d'autres, [parmi lesquels M. Thollon, doyen de tous, qui compte quatre ans de séjour consécutif dans l'Ouest africain, où il a rendu de réels services (2).

» J'ai pleine confiance en ces hommes qui ont fait leurs preuves, pleine confiance surtout en celui qui les dirige, M. Decazes. Mais je ne puis me défendre d'une certaine appréhension en songeant qu'une grande partie du personnel noir, qui est là-bas à notre service, a droit à son rapatriement depuis plus de six mois, ce qui entraîne certains risques. Dès le mois de mai dernier j'ai informé qui de droit de cet état de choses : je ne saurais assumer désormais la responsabilité d'une situation qui a cessé de m'appartenir.

» Vous venez, Messieurs, d'entendre le résumé de nos dernières opérations dans la région de l'Ogôoué et du Congo. Ce sera l'honneur de ma vie que la France ait adopté notre œuvre et aucune compensation plus grande ne pouvait être accordée aux quelques fatigues, aux quelques soucis qu'il m'en a coûtés pour obtenir ce résultat.

» Les territoires assez vastes déjà que les traités passés par moi avec différents chefs avaient placés sous l'influence française, le Congrès de Berlin leur a donné plus d'ampleur

(1) M. Manas a installé à Lékéti une usine primitive où il fabrique l'eau-de-vie d'ananas, l'huile d'arachide et le savon, qui sont consommés par nos Européens sur le Congo.

(2) Je ne nomme pas tous les derniers venus; je dois cependant citer encore M. Coste, agent comptable.

encore. Il a inscrit sur la carte d'Afrique, à côté des possessions portugaises, deux États nouveaux : le Congo français, plus étendu que la France elle-même, et l'État indépendant du Congo. Par la vertu des protocoles, ces deux immenses contrées, peuplées d'enfants de la nature, sont comme entrées dans le concert des États civilisés. Je veux dire par là que suivant les circonstances et, bon gré mal gré, ils pèseront plus ou moins sur leurs métropoles. L'État indépendant du Congo, voisin du Congo français, relève nominalement du Souverain d'un royaume avec lequel la France entretient les meilleures relations; ces relations seront certainement les mêmes sur les rives du Congo, car je ne doute pas que les nobles vues auxquelles le nouvel État libre doit ses origines, continuent à présider de haut à son développement. »

4007. — BOURLOTON. — Imprimeries réunies, A, rue Mignon, 2, Paris.

BOURLOTON. — Imprimeries réunies, **A**, rue Mignon, 2, Paris